예수님 십자가 고난과
부활의 여정

예수님 십자가 고난과 부활의 여정

예수님이 걸어가신 마지막 한 주

김영한 지음

아가페

예수께서 제자들에게 이르시되
누구든지 나를 따라오려거든
자기를 부인하고 자기 십자가를 지고
나를 따를 것이니라

마 16:24

목차

Day 1 예루살렘 입성 ◦ *9*

Day 2 성전 청결 사건 ◦ *21*

Day 3 논쟁과 비유, 감람산 설교 ◦ *35*

Day 4 베다니에서의 기름 부음 ◦ *49*

Day 5 최후의 만찬과 발 씻김 ◦ *61*

Day 6 체포되시고 십자가에 달리신 예수님 ◦ *73*

Day 7 무덤에 장사되신 예수님 ◦ *111*

Day 8 부활하신 예수님 ◦ *123*

Day 1

Day 1

예루살렘 입성

감람산 위로 아침 햇살이 퍼집니다. 예수님께서는 조용히 일어나시고, 먼지와 라벤더 향이 섞인 베다니의 공기를 가르며 걸음을 내딛으십니다. 그분은 나사렛의 목수요, 갈릴리의 선지자이며, 바람과 파도를 잠잠케 하신 분입니다(막 4:39). 병든 자를 고치시고 굶주린 자를 먹이십니다(마 8:16; 14:19).

예수님의 머리에는 왕관이 없고, 허리에는 칼이 없습니다. 그분의 마음에는 오직 자신이 걸어야 할 십자가의 길이 무겁게 드리워져 있습니다. 그분은 길 위의 먼지를 헤치며 발걸음을 옮기십니다.

나귀를 타시는 예수님

예수님께서는 제자들을 향해 말씀하십니다.

> "맞은편 마을로 가라 그리로 들어가면
> 곧 아직 아무도 타 보지 않은 나귀 새끼가
> 매여 있는 것을 보리니 풀어 끌고 오라"(막 11:2)

제자들은 놀라지만 더 묻지 않고 순종합니다. 예수님은 지금 스가랴 선지자의 예언을 이루십니다.

> "보라 네 왕이 네게 임하시나니
> 그는 공의로우시며 구원을 베푸시며 겸손하여서
> 나귀를 타시나니"(슥 9:9)

예수님은 백마가 아닌 나귀를 타십니다. 세상의 왕은 권력으로 행진하지만, 평화의 왕은 겸손으로 들어오십니다. 예수님께서는 검과 창이 아니라 자비와 순종으로, 병거의 행렬이 아니라 제자들과 아이들의 호위를 받으며 겸손의 왕으로서 길을 시작하십니다.

유월절 어린양 예수님

예수님이 입성하시는 길 끝에 예루살렘이 보입니다. 화려한 성전의 첨탑이 하늘을 찌르고, 성문 앞에는 유월절을 지키기 위해 몰려든 수많은 순례자들이 북적이고 있습니다. 유월절은 애굽의 압제에서 해방된 날을 기념하는 절기입니다. 특히 어린 양의 피를 문설주에 바름으로써 죽음의 재앙을 면하고 구속받은 이스라엘의 정체성을 새기는 절기입니다. 유월절을 통해 출애굽기의 어린 양 사건을 매년 다시 체험했습니다. 예수님 당시 군중은 로마의 압제에서 또 다른 해방을 갈망했습니다. 그러나 예수님은 죄와 죽음에서 구원하시는 참된 유월절 어린양이십니다(고전 5:7).

호산나 다윗의 왕 예수님

군중은 "호산나!"를 외칩니다. 이는 "지금 구원하소서"라는 뜻입니다(시 118:25). 그들이 손에 쥔 종려나무 가지는 해방과 승리의 상징이었고, 겉옷을 길에 까는 행위는 왕을 맞이하는 전통적 환영의 표시였습니다. 구약에서 예후가 왕으로 선포될 때 사람들은 길에 겉옷을 깔았습니다(왕하 9:13). 유다 마카비가 예루살렘에 입성할 때도 사람들은 종려나무 가지를 흔들고 감사의 노래를 불렀습니다. 군중은 정치적 메시아를 기대하며 예수님을 환영했지만, 예수님은 그들의 환호 뒤에 감추인 불신을 아십니다.

예수님은 예루살렘을 바라보며 눈물을 흘리십니다.

"너도 오늘 평화에 관한 일을 알았더라면
좋을 뻔하였거니와"(눅 19:42)

그분의 눈물은 심판의 눈물이자 사랑의 눈물입니다. 군중은 곧 "십자가에 못 박으라" 외치지만, 예수님은 흔들리지 않으십니다. 그분의 길은 영광의 행진이 아니라, 십자가의 길입니다.

로마 병사들은 반란을 경계하며 군중을 살핍니다. 그러나 예수님은 칼을 들지 않으십니다. 그분은 성전에 들어가 상인들과 제사장들을 바라보시지만, 그날은 침묵하십니다(막 11:11). 그 침묵은 무력함이 아니라 기다림입니다. 내일, 성전을 정화하실 그날을 향한 침묵입니다.

그날 밤, 예수님께서는 다시 베다니로 돌아가십니다. 예수님의 눈빛은 고요하지만 단호합니다. 그분은 아십니다. 이제 시간이 다 되었음을. 사람들의 환호는 곧 침묵으로, 기대는 곧 실망으로 바뀔 것입니다. 그러나 그분은 흔들리지 않으십니다. 끝까지 그 길을 가기로 결심하셨기 때문입니다.

예수님의 예루살렘 입성은 그분의 죽음을 향한 첫걸음이자, 인류 구속의 드라마가 시작되는 경건한 선언입니다. 그분은 나귀를 타시고, 눈물을 흘리시며, 죽음을 향해 당당히 걸어가십니다. 그 길 끝에서 세상의 죄가 그분 위에 놓일 것이며, 영원한 생명이 그분 안에서 열리게 될 것입니다. 그 시작이 바로 오늘의 입성입니다.

1. 예수님은 왜 웅장한 말이 아니라 어린 나귀를 타고 예루살렘에 들어가십니까? 권력과 전쟁의 길이 아니라, 겸손과 평화의 메시아로 오셨음을 드러내려 하셨기 때문입니다. 그렇다면 오늘날 나는 의식주에 있어 어떻게 살아가야 할까요?

2. 군중은 왜 종려나무 가지를 흔들며 "호산나"를 외칩니까? 정치적 해방자, 로마의 압제를 무너뜨릴 메시아를 기대했기 때문입니다. 오늘 "내가 기대하는 주님"은 어떤 분인가요?

3. 예수님의 행보 1일차에서 개인적으로 느끼고 깨달은 것은 무엇인가요?

Day 2

Day 2

성전 청결 사건

예루살렘 입성 다음 날 월요일 아침, 예수님께서는 감람산에서 내려오셔서 곧장 성전을 향하십니다. 각지에서 몰려온 순례자들이 성전 앞 광장을 가득 메우고 있습니다. 유월절을 준비하는 도시 전체는 들뜬 소리로 가득합니다.

원래 제물의 매매는 성전 밖, 감람산 기슭에서 이루어졌습니다. 순례자들이 먼 길을 오느라 직접 제물을 가져오기 어려웠기 때문에 현지에서 소, 양, 비둘기 등을 사는 것은 편의 차원에서 필요한 일이었습니다. 그러나 점차 이 매

매 장소가 성전 안, 특히 이방인의 뜰로 옮겨졌습니다. 이는 단순히 편의 때문이 아니라, 제사장 집단과 권력자들이 성전세와 제물 매매를 통제하며 이익을 독점하기 위함이었습니다.

성전세는 모든 유대 남자가 매년 반 세겔을 바쳐야 하는 의무였습니다(출 30:13). 그런데 로마 제국이나 각 지역 화폐는 이방 신상이나 황제의 얼굴이 새겨져 있었기 때문에 성전 안에서 사용할 수 없었습니다. 그래서 순례자들은 반드시 두로산 은화로 환전해야 했습니다. 두로 은화는 은의 함량이 안정적이었기에 성전세 전용 화폐로 인정받았고, 환전 과정에서 수수료가 붙으면서 상당한 금전적 이익이 제사장 체계로 흘러 들어갔습니다.

이방인의 뜰과 예수님의 선언

이방인의 뜰은 본래 하나님을 경외하는 이방인들이 기도할 수 있는 장소였습니다(사 56:7). 그 거룩한 공간이 시장

바닥으로 변질되자, 예수님은 단호하게 말씀하십니다.

"내 집은 기도하는 집이라 일컬음을 받으리라 하였거늘 너희는 강도의 소굴을 만드는도다"(마 21:13)

이 말씀은 단순히 장사꾼들의 탐욕을 책망하는 것을 넘어, 성전 권력 체계 전체가 하나님을 가로막고 있다는 예언자적 심판 선언입니다.

특히 가난한 자들이 가장 큰 피해를 입습니다. 몇 세겔 안 되는 돈을 환전할 때마다 이중 수수료를 내야 하고, 가져온 제물은 사소한 흠으로 거절당합니다. 결국 그들은 성전 안에서 비싸게 파는 제물을 구입할 수밖에 없습니다. 경건과 은혜의 자리가 이익과 착취의 장으로 바뀌어 버린 것입니다.

그 광경을 마주한 예수님의 눈빛이 바뀝니다. 평소 말씀하실 때의 온유와 인내 대신, 가슴 깊은 곳으로부터 분노가 타오릅니다. 그분은 땅에서 노끈을 집어 손에 감아 채찍을 만드십니다. 그리고 외치십니다.

"내 집은 만민이 기도하는 집이라 일컬음을 받을 것이라 하였거늘 너희는 강도의 소굴을 만들었도다!"

(막 11:17; 사 56:7; 렘 7:11)

예수님의 외침과 함께 성전은 뒤집히기 시작합니다. 채찍을 휘두르는 가운데 상인들이 소리를 지르며 도망칩니다. 비둘기들이 담장 너머로 흩어지고, 양 떼가 놀라 사방으로 뛰고 있습니다. 환전상들의 상이 넘어지고, 은화가 바닥에 쏟아집니다. 햇살에 부서진 동전이 마치 신앙의 잔해처럼 흩어져 빛납니다. 그러나 그분의 마음은 무겁고 어둡기만 합니다.

성전 안에서 일어난 일은 단순한 소동이 아닙니다. 타락한 신앙의 상징입니다. 무너진 예배 처소와 예배자의 모습을 그대로 보여주고 있습니다. 사람들은 예수님이 과하게 화를 내신다고 생각합니다. 소동을 일으키는 자로 취급합니다. 그러나 예수님은 파괴자가 아니라 회복자로서 성전 중심에 서 계십니다.

그 자리에 있던 대제사장과 서기관들은 충격에 휩싸입

니다. 그들은 직감합니다. "이 사건은 단순한 해프닝이 아니다. 이 사람의 행동은 제도 전체를 겨냥한 도전이다." 그 순간 그들은 결심합니다. "이 자를 죽여야 한다. 더 이상 두고 볼 수 없다." 성전 정화 사건은 종교 지도자들의 심기를 더욱 건드렸습니다. 예수님과 종교 권력자들 사이의 충돌은 이제 돌이킬 수 없는 길로 들어섭니다. 종교 지도자들과 상인들이 결탁해 누릴 수 있는 상권에 손해를 끼쳤기 때문입니다.

회복을 목도한 자들

그러나 모든 사람이 적대적이었던 것은 아닙니다. 몇몇은 무너진 장터 한편에서 무릎을 꿇습니다. 울고 있는 여인, 손을 맞잡은 아이들, 마음 깊은 곳에서 깨달음을 얻은 순례자들이 있습니다. 그들의 눈에 비친 예수님은 질서의 파괴자가 아니라, 잃어버린 거룩을 회복하는 메시아입니다. 그들은 감격하고 감사해합니다. 그토록 오랫동안 성전이 성전이 되고, 예배자가 예배자 되기를 기도해 왔는데 그 기도의 응답을 지금 목도하고 있습니다. 감격의 눈물이 뺨을 타고 흐릅니다.

예수님의 성전 정화는 단순히 성전의 부패를 꾸짖는 차원을 넘어, 메시아의 사역을 드러내는 표징입니다. 말라기 선지자는 이렇게 예언했습니다.

> "만군의 여호와가 이르노라
> 보라 내가 내 사자를 보내리니
> 그가 내 앞에서 길을 준비할 것이요
> 또 너희가 구하는 바 주가 갑자기
> 그의 성전에 임하시리니
> 곧 너희가 사모하는 바 언약의 사자가 임하실 것이라 …
> 그가 은을 연단하여 깨끗하게 하는 자 같이 앉아서
> 레위 자손을 깨끗하게 하되
> 금, 은 같이 그들을 연단하리니
> 그들이 공의로운 제물을 나 여호와께 바칠 것이라"
>
> (말 3:1-3)

여기서 말하는 "주의 임재"와 "성전을 정결케 하심"은 단순한 도덕적 개혁이 아니라, 하나님께서 직접 성전에 오셔서 그 제사 체계를 새롭게 하실 것을 예고한 말씀입니다. 예수님의 성전 정화 사건은 바로 이 말씀의 성취입니다.

이 선포는 요한복음 4장에서 사마리아 여인에게 하신 말씀과 맞닿아 있습니다. 예수님은 여인에게 이렇게 말씀하십니다.

> "이 산에서도 말고 예루살렘에서도 말고 …
> 아버지께 참되게 예배하는 자들은 영과 진리로
> 예배할 때가 오나니 곧 이 때라"(요 4:21-23)

이는 더 이상 특정한 장소, 특정한 제사 체계, 특정한 민족으로 제한되지 않는 예배가 시작됨을 의미합니다. 예수님의 십자가와 부활로 인해 성전 제사는 종결되고, 이제 성전이신 예수 그리스도 안에서 모든 민족이 하나님께 나아갈 수 있게 됩니다. 사도 바울은 이렇게 말합니다.

"너희는 너희가 하나님의 성전인 것과
하나님의 성령이 너희 안에 계시는 것을 알지 못하느냐"
(고전 3:16)

성전은 더 이상 돌로 된 건물이 아니라, 성령이 거하시는 교회와 성도의 삶 속에서 실현됩니다. 따라서 성전 정화 사건은 단순히 과거의 사건이 아닙니다. 새로운 성전 - 곧 예수 그리스도와 그분의 몸 된 교회 - 안에서 열릴 영과 진리로 드리는 예배 시대를 알리는 상징적 사건입니다.

그날 성전은 다시 조용해집니다. 그러나 그 침묵은 평온이 아니라 폭풍 전야의 정적입니다. 이 사건은 십자가를 향한 여정이 되돌릴 수 없는 지점을 통과했음을 알리는 신호입니다. 예수님의 눈빛은 여전히 불타고 있습니다. 그분은 물러서지 않으시며, 도망치지 않으십니다. 사랑으로 분노하시고, 진실로 하나님의 마음을 드러내십니다. 성전은 흔들리고, 세상은 하나님의 심판과 구속을 향해 나아가기 시작합니다. 그 중심에는 하나님의 아들이 묵묵히 서 계십니다.

1. 예수님은 왜 성전 청결 사건에서 "만민이 기도하는 집"을 강조하십니까? 성전의 본래 목적은 하나님과 만나는 자리, 모든 민족이 기도하는 자리였기 때문입니다. 나의 기도 자리, 기도 시간은 언제인가요?

2. 예수님의 분노는 단순히 상인들의 탐욕 때문입니까? 그것은 탐욕을 넘어 성전 제도 변질에 대한 심판이었습니다. 오늘날 교회와 나의 신앙 속에서 원래 모습과 달리 변질되었거나 변질되어 가는 것은 무엇이 있을까요?

3. 예수님의 행보 2일차에서 개인적으로 느끼고 깨달은 것은 무엇인가요?

Day 3

Day 3

논쟁과 비유,
감람산 설교

화요일 아침, 예루살렘 성전은 다시 평온을 되찾은 듯 보입니다. 그러나 그 평온은 하나님을 향한 경건이 아니라, 종교 지도자들의 계산된 침묵입니다. 제사장들과 서기관들은 전날의 성전 청결 사건으로 더욱 긴장하고 있습니다. 군중은 속으로 술렁이고 있습니다. 예수님께서 성전 뜰에 들어서시자 모든 시선이 그분께 집중됩니다(막 11:27).

종교 지도자들과의 논쟁

첫 번째 논쟁은 권위의 문제입니다. 대제사장들과 서기관들과 장로들이 예수님께 묻습니다.

"당신은 무슨 권위로 이런 일을 합니까?
누가 이 권위를 주었습니까?"

예수님께서는 직접 대답하지 않으시고 반문하십니다.

"요한의 세례가 하늘로부터냐 사람으로부터냐"
(막 11:28-30)

그들은 서로 눈치를 보며 침묵합니다. 군중을 두려워한 침묵은 스스로 권위를 잃어버린 증거입니다. 예수님의 반문은 단순한 언어의 역전이 아니라, 그들의 내면을 드러내는 심판입니다.

이어지는 장면은 사두개인과의 논쟁입니다. 부활이 없다고 주장하는 그들은 일곱 형제의 아내 이야기를 들어 예수님을 곤경에 빠뜨리려 합니다. 그러나 예수님께서는 말씀하십니다.

"너희가 성경도, 하나님의 능력도 알지 못하는
고로 오해하였도다 …
하나님은 죽은 자의 하나님이 아니요
살아 있는 자의 하나님이시니라"(마 22:29-32)

이 말씀은 논박이 아니라 선언입니다. 성전 뜰은 술렁이고, 많은 이들이 예수님의 지혜에 놀랍니다(눅 20:39).

또 한 율법사가 다가와 묻습니다.

"율법 중에서 가장 큰 계명은 무엇입니까?"

예수님께서는 명확히 대답하십니다.

"네 마음을 다하고 목숨을 다하고 뜻을 다하여 주 너의 하나님을 사랑하라 하셨으니 이것이 크고 첫째 되는 계명이요 둘째도 그와 같으니 네 이웃을 네 자신 같이 사랑하라"(마 22:37-39)

논쟁의 한복판에서 율법의 핵심이 드러나는 순간입니다.

두 가지 비유

예수님은 단순히 지적인 논쟁에 머물지 않으십니다. 주님은 인간의 완악한 심령을 꿰뚫는 비유라는 강력한 도구를 통해 하나님 나라의 진리를 선포하십니다. 특히 예루살렘 입성 후, 종교 지도자들과의 갈등이 정점에 달했을 때 들려주신 두 가지 비유는 기득권층의 죄악을 고발합니다. 동시에 구원의 문이 어떻게 온 인류에게로 확장되는지를 극명하게 보여줍니다.

포도원 농부의 비유: 주인의 아들을 죽인 자들의 비극

예수님은 포도원 농부의 이야기를 통해 하나님과 이스라엘 지도자들 사이의 깨어진 신뢰 관계를 폭로하십니다. 주인은 포도원을 일구고 울타리를 두르며 모든 설비를 완벽히 갖추었습니다. 이는 하나님께서 이스라엘에게 율법과 언약이라는 보호막을 주시고 풍성한 은혜를 맡기셨음을 상징합니다. 농부들은 그 풍요를 누리며 정해진 때에 수확물의 일부를 주인에게 바쳐야 할 마땅한 의무가 있는 청지기였습니다.

그러나 농부들은 탐욕에 눈이 멀어 주인이 보낸 종들을 때리고 모욕하며 차례로 죽입니다. 이는 이스라엘 역사 속에서 하나님의 말씀을 전하러 온 선지자들을 박해했던 지도자들의 완악함을 그대로 투영합니다. 그때 주인은 마지막으로 자신의 사랑하는 아들을 보냅니다. "내 아들은 공경하겠지"라는 주인의 기대와 달리, 농부들은 "이는 상속자니 죽이자 그러면 그 유산이 우리 것이 되리라"고 공모하며 아들을 죽여 포도원 밖으로 내던집니다.

이 비유는 며칠 뒤 예수님을 성문 밖으로 끌어내 십자가에 못 박을 대제사장과 서기관들의 실제 음모를 소름 끼칠 정도로 정확히 예언한 것입니다. 주님은 결국 주인이 농부들을 진멸하고 포도원을 다른 사람들에게 넘길 것이라 선포하십니다. 건축자들이 버린 돌이 집 모퉁이의 머릿돌이 되듯, 인간에게 거부당하신 예수님이 구원 역사의 기초가 될 것임을 선언하신 것입니다. 이를 들은 종교 지도자들은 분노가 치밀어 올랐으나, 예수님을 지지하는 군중을 두려워하여 감히 손을 대지 못하고 그 자리를 피합니다.

혼인 잔치의 비유: 은혜의 초대와 거룩한 책임

이어지는 혼인 잔치의 비유는 하나님 나라의 초청이 가진 영광과 그 초대를 대하는 인간의 태도를 다룹니다.

왕이 아들을 위해 베푼 혼인 잔치는 인류를 향한 하나님의 가장 기쁘고 성대한 초대를 의미합니다. 그러나 먼저 초대받은 자들은 왕의 호의를 경멸합니다. 어떤 이는 자기

밭으로, 어떤 이는 자기 사업장으로 향하며 세상의 실리(實利)를 왕의 부름보다 앞세웁니다. 심지어 왕이 보낸 종들을 잡아 모욕하고 죽이는 만행을 저지릅니다.

왕은 분노하여 군대를 보내 그 살인한 자들을 진멸하고 동네를 불사릅니다. 그리고 종들에게 "사거리 길에 가서 만나는 사람마다 데려오라"고 명령합니다. 이제 잔치 자리는 사회적 자격이나 혈통에 상관없이 길 위에서 만난 수많은 손님들로 채워집니다. 여기에는 악한 자나 선한 자나 구분이 없습니다.

이는 복음의 주도권이 거만한 기득권층에서 낮고 소외된 자들, 그리고 온 이방 민족에게로 완전히 넘어갔음을 선포하는 역사적 선언입니다.

하나님 나라의 초청은 이제 누구에게나 활짝 열려 있습니다. 그러나 주님은 이 비유를 통해 그 초청이 결코 가볍게 여겨질 수 없음을 동시에 드러내십니다. 잔치는 누구에게나 열려 있으나, 초대에 응한 자는 반드시 그 나라의 법도에 맞는 반응을 보여야 합니다. 거저 주어진 은혜라 해서 그 가치까지 값싼 것은 아니기 때문입니다.

주님은 이 이야기를 통해 하나님의 부르심을 거부한 자들의 비참한 결말과 그 은혜를 가벼이 여긴 자들이 마주할 엄중한 책임을 오늘 우리에게도 동일하게 경고하십니다.

감람산에서 설교하시는 예수님

해가 저물 무렵, 예수님께서는 제자들과 함께 성전을 나와 감람산에 오르십니다. 그곳에서 제자들이 조용히 묻습니다.

> "주여, 언제 이런 일이 있겠습니까? 주의 임하심과 세상 끝에는 무슨 징조가 있겠습니까?"

예수님께서는 마지막 날에 일어날 환난과 재림에 관해 말씀하십니다. 전쟁과 지진과 기근, 거짓 선지자들의 미혹, 환난과 박해 그리고 인자의 다시 오심에 대해 길게 설명하십니다(마 24:4-31). 예루살렘 성전이 무너질 것을 예고

하시며, 돌 위에 돌 하나도 남지 않으리라고 밝히십니다(마 24:2).

이 메시지는 단순한 종말 예언이 아니라, 제자들을 향한 준비의 말씀이었습니다.

"깨어 있으라"(마 25:13)

"끝까지 견디는 자는 구원을 얻으리라"(마 24:13)

"주인이 돌아올 때 준비된 종이 되어라"(마 24:45-46)

감람산을 비추는 석양빛은 찬란하지만, 그 안에 깃든 예수님의 목소리는 무겁게 울려 퍼집니다.

이날은 성전 논쟁에서 시작하여 비유의 가르침으로 이어지고, 감람산에서의 종말 설교로 절정을 이룹니다. 화요일은 예수님의 말씀과 권위가 선명하게 드러난 날이자 동시에 예루살렘과 종교 지도자들을 향한 어두운 심판이 다가오고 있음을 알리는 날이었습니다.

1. 예수님은 대제사장들이 질문할 때 직접 답하지 않고 반문하십니다. 사람들은 신앙에 관해 수많은 질문을 합니다. 하나님의 존재, 천국과 지옥, 몸의 부활 등이 있을 것입니다. 어떤 질문을 받아 보았고, 어떻게 대처하였나요?

2. 바리새인들은 부활을 인정했습니다. 그러나 사두개인들은 부활을 인정하지 않았습니다. 오늘날 자유주의 신학자뿐 아니라 신앙인 중에도 부활을 인정하지 않는 자들이 있습니다. 그들은 왜 부활을 믿지 못할까요?

3. 예수님의 행보 3일차에서 개인적으로 느끼고 깨달은 것은 무엇인가요?

Day 4

Day 4

베다니에서의 기름 부음

유월절이 다가오는 수요일 저녁, 예수님은 다시 베다니에 머무르십니다. 나사로가 살아 돌아온 집, 마르다가 봉사하는 집, 그리고 마리아가 조용히 머무는 집에 계십니다. 부활의 기적 이야기로 인해 여전히 많은 이들이 예수님을 보기 위해 몰려듭니다. 하지만 환희 속에 흐르는 공기는 묘하게 무겁습니다. 예수님이 곧 어떤 운명을 맞이하실지 누구도 구체적으로 알지는 못하지만, 다가올 고난의 그림자가 서서히 짙어져 갑니다.

방 안에는 등잔불이 은은히 빛나고 있습니다. 제자들은 둘러앉아 음식을 나눕니다. 그러나 대화는 자주 끊기고 눈빛은 서로를 살피듯 흔들립니다. 마르다는 여전히 분주하게 음식을 챙깁니다. 나사로는 살아났다는 사실만으로도 사람들에게 경이로운 존재처럼 여겨집니다. 그러나 이 고요함을 깨뜨리는 사건이 곧 일어납니다.

향유 옥합을 깨뜨린 마리아

마리아가 방으로 들어옵니다. 그녀의 두 손에는 옥합이 들려 있습니다. 그 안에는 '순전한 나드'라 불리는 값비싼 향유가 가득 담겨 있습니다(막 14:3). 그것은 집안의 보물이자 인생 전체를 걸 수 있는 재산과도 같습니다. 사람들이 숨을 죽이는 가운데 마리아는 주저하지 않습니다. 손에 든 옥합을 단숨에 깨뜨립니다. 갑작스러운 파열음이 방 안을 울립니다. 그리고 그녀는 그 향유를 예수님의 머리와 발에 아낌없이 붓습니다.

향기는 곧바로 방 안 가득 퍼져 마치 다른 세상에서 불어온 바람처럼 모두를 감쌉니다. 마리아는 머리카락을 풀어 그 발을 닦으며 눈물과 향유를 함께 쏟아 냅니다. 그녀에게는 오직 예수님만이 보입니다. 아무것도 아깝지 않습니다. 계산하지 않는 사랑을 쏟아붓고 있습니다. 향유는 흘러내리고, 방 안은 눈에 보이지 않는 눈물과 헌신으로 채워집니다.

마리아를 꾸짖는 제자들

그러나 이 아름다운 순간을 깨뜨린 것은 제자들의 목소리입니다.

> "어찌하여 이 향유를 허비하는가!
> 삼백 데나리온에 팔아 가난한 자들을
> 도울 수 있었을 텐데."(막 14:4-5)

특히 가룟 유다의 목소리가 뚜렷합니다. 유다는 불편하게 몸을 기울이며 항의합니다. 요한은 그가 가난한 자들을 진정으로 생각해서 화를 내는 것이 아니라고 말합니다. 유다가 돈주머니를 맡은 자로서 돈을 몰래 빼돌리던 사람이었음을 기록합니다(요 12:6).

유다의 눈빛에는 분노와 탐욕, 그리고 서늘한 계산이 얽혀 있습니다. 그는 속으로 중얼거립니다.

"저 낭비는 견딜 수 없다. 저분이 정말 메시아라면
왜 이런 허무한 죽음을 향해 가시는가?
나는 더 이상 따를 수 없다.
오히려 이 상황에서 내가 얻을 수 있는
이익을 챙겨야 하지 않겠는가?"

유다에게 마리아의 헌신은 더 이상 감동이 아니라, 오히려 배신을 결심하게 만드는 자극이 됩니다. 그 순간 그의 마음은 예수님께 등을 돌리고 있습니다. 머릿속엔 온통 돈주머니 생각뿐입니다. 그의 영혼은 이미 음모를 꾸미고 있었던 것입니다(마 26:14-16).

예수님의 장례를 준비한 마리아

예수님은 침묵을 깨고 말씀하십니다.

"가만 두라 너희가 어찌하여 그를 괴롭게 하느냐
그가 내게 좋은 일을 하였느니라
가난한 자들은 항상 너희와 함께 있으니
아무 때라도 원하는 대로 도울 수 있거니와
나는 너희와 항상 함께 있지 아니하리라
그는 힘을 다하여 내 몸에 향유를 부어
내 장례를 미리 준비하였느니라"(막 14:6-8)

사람들은 놀랍니다. 그 순간, 향유의 의미가 드러납니다. 그것은 장례를 준비하는 표징입니다. 곧 자신의 죽음이 다가온다는 사실을 예수님이 직접 밝히신 것입니다.

그리고 이어 말씀하십니다.

"온 천하에 어디서든지 복음이 전파되는 곳에는
이 여자가 행한 일도 말하여 그를 기억하리라"(막 14:9)

그 자리에 모인 이들은 모두 숨을 삼킵니다. 그 말은 단지 마리아의 개인적인 행동이 아니라, 영원히 복음과 함께 전해질 사건이라는 선언입니다.

1. 마리아는 가장 귀한 향유 옥합을 깨어 주님께 드립니다. 주님께 올려 드린 가장 귀한 것은 무엇인가요? 또는 무엇을 주님께 드리고자 하나요?

2. 가룟 유다는 마리아와 달리 마음속에 탐욕이 있었습니다. 내 속에는 어떤 탐욕, 욕심이 있는 것 같나요?

3. 예수님의 행보 4일차에서 개인적으로 느끼고 깨달은 것은 무엇인가요?

Day 5

Day 5

최후의 만찬과 발 씻김

목요일 예루살렘은 유월절을 맞아 사람들로 북적입니다. 예수님은 제자들에게 말씀하십니다.

> "성안에 들어가면 물동이를 든 사람을 만나리니
> 그를 따라가라. 주인에게 '선생님이 제자들과 함께
> 유월절 음식을 먹으려 하신다' 하라.
> 그러면 자리를 마련해 줄 것이다."(막 14:13-15)

제자들은 마음속으로 다시 놀랍니다. 지난번에는 어린 나귀를 끌고 오라 하시더니, 이번에는 낯선 사람을 따라가 방을 구하라 하십니다. 이해할 수 없는 말씀 앞에서 그들은 여전히 혼란스러웠습니다. 그러나 주님이 하신 말씀이기에 불안과 의문 속에서도 순종하기로 합니다.

그런데 기이하게도 말씀대로 일이 이루어집니다. 성안에서 물동이를 든 사람을 만납니다. 그를 따라가니 정말로 넓은 다락방이 준비되어 있습니다. 순종 속에서 길이 열리고, 말씀 속에서 은혜의 자리가 마련됩니다(막 14:16).

제자들의 발을 씻기시는 예수님

식사가 시작되자 예수님은 조용히 자리에서 일어나십니다. 겉옷을 벗고 수건을 허리에 두르십니다. 제자들은 놀란 눈빛으로 주님을 바라봅니다. 예수님은 대야에 물을 떠 그들의 발을 씻기기 시작하십니다(요 13:4-5).

거친 땅길을 걸어와 먼지와 땀이 엉겨 붙은 발을, 주님은 마치 귀한 보물을 다루듯 조심스레 씻어 주십니다. 물이 발목을 적시는 소리가 방 안을 채우고 수건이 발등에 스치는 감촉이 고요를 더합니다. 제자들의 마음은 당혹감과 부끄러움으로 가득 차오릅니다.

베드로가 급히 손사래를 치며 말합니다.

"주여, 제 발은 결코 씻기지 못하십니다!"

그러나 예수님은 단호히 말씀하십니다.

"내가 너를 씻기지 아니하면 네가 나와 상관이 없느니라."

베드로의 고집은 무너집니다. 그는 떨리는 목소리로 외칩니다.

"주여, 내 발뿐 아니라 손과 머리도 씻어 주옵소서."

예수님은 발을 다 씻기신 후 다시 자리에 앉으시고 말

씀하십니다.

"내가 주와 또는 선생이 되어 너희 발을 씻었으니
너희도 서로 발을 씻어 주는 것이 옳으니라
내가 너희에게 행한 것 같이 너희도 행하게 하려 하여
본을 보였노라"(요 13:12-15)

그날 밤, 교회의 권위는 힘이 아니라 섬김(디아코니아)에 있음을 주님은 몸소 가르치십니다.

떡과 잔

식탁 가운데서 예수님은 떡을 들어 축사하시고 제자들에게 주십니다.

"받아 먹으라, 이것은 내 몸이니라."

이어 잔을 들어 감사 기도를 하시고 말씀하십니다.

"이것은 너희를 위하여 흘리는 나의 피,
곧 새 언약(카이네 디아데케)의 피니라.
너희가 이것을 행하여 나를 기념하라."
(눅 22:19-20; 고전 11:24-25)

유월절 어린 양의 피가 출애굽의 백성을 살렸듯, 이제 예수님 자신이 참된 어린양으로서 세상의 죄를 지고 가실 것을 선포하신 것입니다(요 1:29). 떡과 잔은 단순한 음식이 아니라, 십자가와 부활의 복음을 눈으로 보게 하는 거룩한 성례가 되었습니다.

그 성스러운 자리에도 어둠이 스며듭니다. 예수님은 제자들을 바라보며 말씀하십니다.

"너희 중 하나가 나를 팔리라."

제자들은 충격에 휩싸여 서로를 바라보며 묻습니다.

"주여, 나는 아니지요?"(마 26:22)

식탁 위에는 은혜와 어둠이 함께 놓여 있습니다. 이미 유다는 마음을 굳혔습니다. 그러나 예수님은 여전히 그를 곁에 두십니다. 사랑과 배신이 같은 자리에 놓였으나, 하나님의 구원 계획은 흔들림 없이 진행됩니다(요 13:27-30).

만찬을 마친 후 예수님은 제자들에게 말씀하십니다.

"내가 포도나무에서 난 것을 하나님 나라에서 새 것으로 마시는 날까지 다시 마시지 아니하리라"(막 14:25)

그 순간 주님의 눈빛은 십자가를 향합니다. 그러나 동시에 저 멀리 하나님 나라의 잔치를 바라보고 계십니다. 고난 너머에 있는 기쁨을 제자들에게, 그리고 오늘 우리에게 남겨 주신 것입니다.

이후 제자들은 함께 찬송을 부르고 감람산으로 향합니다(막 14:26). 그 발걸음은 곧 십자가의 길이자, 동시에 하나님 나라의 영광을 향한 길입니다.

1. 예수님은 제자들이 들어갈 방을 준비하게 하시고, 제자들은 황당한 말씀에 순복해야 했습니다. 신앙생활할 때 이해할 수 없는 말씀, 명령, 비전은 무엇이 있었나요?

2. 당시 문화에 따르면 제자들이 예수님의 발을 씻어 주어야 했습니다. 그런데 예수님은 제자들의 발을 씻어 주십니다. 나는 누구를 겸손하게 섬겨야 할까요?

3. 예수님의 행보 5일차에서 개인적으로 느끼고 깨달은 것은 무엇인가요?

Day 6

Day 6

체포되시고 십자가에 달리신 예수님

목요일 밤, 곧 성금요일이 시작되는 시각에 서서히 밤이 깊어 갑니다. 예루살렘의 골목마다 유월절 잔치의 불빛이 하나둘 꺼지고 있습니다. 도성은 고요한 어둠에 잠겨 있습니다. 그러나 성 밖 동편, 기드론 시내를 건너 겟세마네 동산에는 다른 발걸음이 울립니다.

기도하시는 예수님

겟세마네는 기름 짜는 틀이라는 뜻입니다. 그 이름처럼 올리브나무 사이로 한 사람의 심령이 짜이고 있습니다. 예수님께서는 제자들을 데리고 감람산 자락으로 오십니다. 다른 제자들은 입구에 머물게 하시고, 베드로와 야고보와 요한만 곁에 두십니다. 그리고 고백하십니다.

> "내 마음이 매우 고민하여 죽게 되었으니
> 너희는 여기 머물러 나와 함께 깨어 있으라"(마 26:38)

예수님께서는 그들로부터 돌 던질 만큼 떨어진 곳으로 가셔서 무릎을 꿇으십니다. 땅에 엎드려 기도하십니다.

> "아빠 아버지여 아버지께는 모든 것이 가능하오니
> 이 잔을 내게서 옮기시옵소서
> 그러나 나의 원대로 마시옵고
> 아버지의 원대로 하옵소서"(막 14:36)

짧은 단어, 간절한 호흡. 기도는 절규이자 결단입니다. 인간 예수님의 두려움과 하나님의 아들로서의 순종이 격렬하게 충돌하는 순간입니다.

누가복음은 기록합니다. "땀이 땅에 떨어지는 핏방울같이 되더라"(눅 22:44). 의학적으로는 '혈한증'이라 불리는 극심한 스트레스 반응입니다. 그러나 여기서 더 중요한 것은 예수님께서 죄의 무게를 전인격으로 끌어안으셨다는 사실입니다.

잠이 든 제자들

그러나 제자들은 이 순간을 함께 견디지 못합니다. 예수님께서 기도 후 돌아오실 때마다 그들은 잠들어 있습니다.

> "너희가 나와 함께 한 시간도
> 이렇게 깨어 있을 수 없더냐"(마 26:40)

그분의 음성에는 안타까움이 스며 있습니다. 제자들의 눈은 무겁고, 몸은 기울고, 머리는 풀숲에 기댄 채 흔들립니다. 사랑했던 제자들의 무관심은 주님의 고독을 더 깊게 만듭니다. 제자들은 잠에 눌리고, 주님은 홀로 깨어 계십니다. 사람과 하나님 사이의 간극이 이처럼 또렷하게 드러난 적은 없습니다.

예수님의 기도는 마침내 결단으로 마무리됩니다.

"일어나라 함께 가자 보라 나를 파는 자가
가까이 왔느니라"(막 14:42)

체포되시는 예수님

어둠을 가르며 횃불이 흔들립니다. 창끝이 번뜩입니다. 성난 숨결이 겟세마네를 채웁니다. 앞장선 이는 가룟 유다입니다. 그는 다가와 말합니다.

"랍비여."

그리고 입을 맞춥니다. 사랑의 표시였던 입맞춤은 이제 배신의 신호가 됩니다. 예수님은 말씀하십니다.

"유다야 네가 입맞춤으로 인자를 파느냐"(눅 22:48)

그 말은 날카로운 책망이 아니라 깊은 슬픔의 확인입니다.

병사들이 달려듭니다. 베드로가 칼을 빼들고 대제사장의 종 말고의 귀를 벱니다. 겟세마네는 순식간에 아수라장이 됩니다. 예수님께서는 손을 들어 그를 제지하며 말씀하십니다.

"네 칼을 도로 칼집에 꽂으라 칼을 가지는 자는
다 칼로 망하느니라"(마 26:52)

그러고는 부상당한 말고의 귀를 만져 치유하십니다(눅

22:51). 죽음이 다가오는 순간에도 그분의 손길은 상처를 싸매고, 음성은 평화를 명하십니다. 병사들이 밧줄을 가져와 예수님의 두 손을 묶습니다. 그분은 저항하지 않으십니다. 조용히 고개를 숙이십니다. 그러나 그 눈빛은 십자가 너머를 바라보고 있습니다.

> **"내 아버지께 구하여 지금 열두 군단 더 되는 천사를 보내시게 할 수 없는 줄로 아느냐**
> **내가 만일 그렇게 하면 이런 일이 있으리라 한 성경이 어떻게 이루어지겠느냐"**(마 26:53-54)

제자들은 두려움에 사로잡혀 흩어집니다. 한때 "죽기까지 주를 따르겠다" 하던 자들이 어둠 속으로 도망쳐 버립니다.

유다는 뒤돌아보지 않습니다. 베드로는 멀찍이서 그 무리를 지켜보며 숨을 죽입니다. 그의 눈에는 이미 후회의 빛이 비칩니다. 발걸음은 얼어붙습니다.

그날 밤, 겟세마네는 단순한 기도의 장소가 아니었습니

다. 인류 역사상 가장 고요한 전쟁이 벌어진 자리입니다.

예수님께서는 자신의 뜻이 아니라 아버지의 뜻을 선택하십니다. 그 순종 속에 이미 승리가 있습니다. 이 승리는 함성이 아닌 침묵 속에서 이루어집니다. 그리고 그 침묵은 곧 십자가를 향한 길을 열고 있습니다.

공회 재판

금요일 새벽 공기는 차갑습니다. 가야바의 관저 뜰에는 횃불과 등잔불이 어지럽게 흔들리고, 긴 밤의 피로와 분노가 얽힌 숨결이 섞여 올라옵니다. 공회원들이 반원형으로 앉자 거짓 증언이 밀려듭니다. 말과 말이 서로 엇갈려 법정은 소음으로 가득하지만, 그 혼란 속 의도는 하나입니다. 어떻게든 예수님을 죽일 증거를 얻기 위함입니다.

대제사장 가야바가 몸을 앞으로 숙이며 묻습니다.

"네가 하나님의 아들, 그리스도냐?"

예수님께서는 오랜 침묵을 가르고 말씀하십니다.

"내가 그니라(에고 에이미)
인자가 권능자의 우편에 앉은 것과 하늘 구름을 타고
오는 것을 너희가 보리라"(막 14:62)

침묵하던 메시아가 스스로 정체를 밝히는 순간, 공회는 심문에서 심판으로 뒤집힙니다. 가야바가 옷을 찢으며 외칩니다.

"신성모독이다!"

협의는 즉시 '사형 상당'으로 굳어지고, 눈가리개가 씌워집니다. 침과 주먹이 날아듭니다.

"선지자여, 누가 때렸는지 맞혀 보라!"

욕설과 조롱이 쏟아지는 동안, 예수님의 입술은 굳게

닫혀 있습니다. 권능을 말한 그분은 이제 무력의 정점에서 침묵으로 증언하십니다.

베드로의 부인

같은 시간, 불가에 앉은 베드로의 숨은 거칩니다. 탄내가 코를 찌르고, 횃불 심지 타는 소리가 고요를 씹습니다. 여종의 눈이 그를 겨눕니다. "당신도 저 사람의 동료였지요?"

"나는 알지 못한다."

두 번째, 세 번째 부인이 겹치고 그 즉시 닭이 웁니다(막 14:72). 새벽과 죄책이 동시에 도착합니다.

결박된 예수님께서 잠시 고개를 돌리십니다. 시선이 만납니다. 그 눈빛에는 정죄가 아닌 슬픔과 사랑이 어려 있습니다. 베드로는 마당을 뛰쳐나가 어둠 속에서 통곡합니다.

그의 눈물은 비겁함의 소산이 아니라, 무너진 사랑의 무게입니다.

빌라도 재판

새벽빛이 관저의 돌기둥을 희미하게 적실 무렵, 예수님께서는 로마 총독 본디오 빌라도 앞에 서십니다. 로마의 법과 질서, 힘의 정점에 위치한 자리입니다.

"네가 유대인의 왕이냐?"

예수님의 답은 역설적입니다.

"내 나라는 이 세상에 속한 것이 아니니라"(요 18:36)

빌라도는 그에게서 반역의 증거를 찾지 못합니다. 보고서의 문장은 무죄로 기울고, 그의 양심도 조용히 같은 쪽을 가리킵니다. 그러나 바깥 광장의 공기, 유월절 군중의 팽팽한 긴장, 과거 폭동의 기억이 그의 정치적 신경을 자극합니다. 그때 전갈 한 장이 들어옵니다.

"오늘 꿈 때문에 그 의로운 사람에게
아무 상관도 마옵소서."(마 27:19)

로마의 실용과 한 여인의 불길한 꿈 사이에서, 빌라도의 마음은 흔들립니다.

관할권 문제를 핑계 삼아, 예수님은 갈릴리의 분봉왕 헤롯 안티파스에게 넘겨집니다(눅 23:6-11). 헤롯은 기대합니다.

"기적을 보자."

그는 질문을 던지고, 조롱 섞인 농담을 던집니다. 그러나 예수님께서는 대답하지 않으십니다. 구원을 흥행으로 바꾸려는 질문에는 대답이 없습니다. 헤롯은 화려한 옷을 입혀 예수님을 조롱하고, 결국 다시 빌라도에게 돌려보냅니다. 호기심은 진리를 낳지 못하고, 침묵은 더 깊어집니다.

군중의 소요

관저 앞뜰. 대제사장들이 조직적으로 군중을 데리고 섞여 듭니다. 빌라도는 마지막 카드 – 유월절 특사 – 를 꺼냅니다.

"누구를 놓아주랴? 바라바냐, 그리스도라 하는 예수냐?"

바라바는 살인과 폭동에 연루된 악명 높은 죄수입니다(막 15:7). 상식이라면 비교 불가입니다.

함성의 방향이 정해집니다.

"바라바를 놓으라! 예수를 십자가에 못 박으라!"

소리는 하나로 엮이고, 단어는 둔탁한 무기로 변합니다. 어제의 “호산나”가 오늘 “십자가”가 됩니다. 민심은 진실의 저울이 아니라 선동의 파도임을 드러냅니다.

빌라도는 물그릇을 가져오게 합니다. 손을 씻습니다. 돌바닥에 떨어지는 물방울 소리가 이상할 정도로 또렷합니다.

“이 사람의 피에 대하여 나는 무죄하니 너희가 당하라”
(마 27:24)

법률 문구 같은 한 문장이 공기 중에 걸립니다. 그러나 씻긴 것은 손뿐, 책임은 남습니다. 총독의 중립은 실상 공포의 편에 선 선택이었습니다. 곧 판결문이 선포되고, 호송대가 대기합니다. 역사상 가장 불의한 재판이 절차상으로는 완결됩니다.

새벽의 법정에서 시작한 하루는 정오의 언덕으로 밀려갑니다. 공회는 신성모독을, 로마는 반역을 문제 삼으나 십자가에 매달릴 분은 애초에 죄가 없는 분이십니다. 그분의 침묵은 패배가 아니라, 때가 찬 순종의 언어입니다. 인간의 손으로 내린 불의한 선고 위에, 하나님은 구원의 선언을 준비하고 계십니다.

십자가 죽음

로마 병사들은 예수님을 채찍질합니다. 사용된 도구는 '플라그룸'이라는 로마의 잔혹한 채찍으로, 가죽끈 끝에는 납덩이와 뼛조각이 달려 있었습니다. 몇 차례 휘두르기만 해도 살가죽이 찢기며 피가 튀었습니다. 예수님께서는 피범벅이 되어 쓰러지십니다.

이제 십자가를 지고 골고다 언덕을 오릅니다. 비틀거리는 예수님의 뒤로 조롱하는 무리와 울부짖는 여인들이 따릅니다. 병사들은 구레네 사람 시몬을 붙잡아 예수님의 십자가를 대신 지게 합니다(눅 23:26). 언덕 위에 이르러 예수님께서는 옷이 벗겨지고 십자가에 못 박히십니다. 손과 발에 못이 박히고, "유대인의 왕"이라는 명패가 붙습니다(요 19:19).

정오부터 시작된 어둠이 온 땅을 덮습니다. 오후 세 시경, 예수님께서는 마지막 말씀을 남기신 후 운명하십니다(요 19:30). 그 순간 성전 휘장이 위에서 아래로 찢어지고, 땅이 요동하며 바위가 갈라집니다. 이 사건은 인간의 역사와 우주가 동시에 반응한 구속의 절정입니다. 백부장은 두려움과 경외 속에서 고백합니다.

"이 사람은 진실로 하나님의 아들이었도다"(막 15:39)

예수님의 죽음은 고요하지만 우주적인 전율로 마무리됩니다. 이는 단순한 사형이 아니라, 인류를 위한 대속의 희생으로 영원히 기억됩니다.

십자가 위 가상칠언

첫 번째 말씀 - "아버지, 저들을 사하여 주옵소서"

골고다 언덕에 세워진 십자가 위에서 예수님께서는 극

심한 고통 중에도 먼저 기도하십니다. 못 박힌 손과 발에서는 피가 흐르고 주변에는 조롱과 비웃음이 가득하지만, 그 분의 입술에서는 원망이 아닌 용서의 말씀이 흘러나옵니다. 예수님은 하늘을 우러러 간구하십니다.

"아버지 저들을 사하여 주옵소서
자기들이 하는 것을 알지 못함이니이다"(눅 23:34)

신성모독과 폭력으로 몰아붙여 자신을 처형하는 이들을 위해 오히려 용서를 빌며 중보하는 장면은 보는 이들의 마음을 울립니다.

첫 번째 말씀은 신적인 용서의 선언입니다. 로마 병사들은 예수님의 옷을 벗기고 제비를 뽑아 나눕니다. 그들은 자신들이 한 일이 얼마나 무거운 죄인지 알지 못한 채 웃음거리로 삼고 있지만, 정작 십자가에 달리신 예수님께서는 그들의 무지를 불쌍히 여기십니다. 용서의 기도가 울려 퍼지는 순간 거칠게 조롱하던 병사들의 손이 잠시 멈추고, 소란스럽던 군중의 함성도 잦아듭니다. 일부 사람들은 그 말을 이해하지 못했지만, 예수님의 눈에는 연민의 빛이 감돕니다. 인류를 향한 끝없는 자비와 용서의 마음이 한마디 기도로 응축되어 전해집니다.

그 장면을 지켜보던 자들 중에는 마음에 찔림을 느끼는 이들도 있습니다. 예수님의 발밑에서는 병사들이 여전히 그의 옷을 놓고 제비뽑기를 계속하지만(시 22:18), 용서를 비는 기도의 여운은 골고다 언덕 위에 잔잔히 퍼져 나갑니다. 죄인을 위한 중보자의 기도, 그것이 십자가 위에서 예수님이 남기신 첫 번째 말씀입니다.

두 번째 말씀 – "오늘 네가 나와 함께 낙원에 있으리라"

예수님의 좌우에는 동일하게 십자가형에 처한 두 명의 강도가 매달려 있습니다. 죽음이 서서히 다가오는 고통 속에서 두 사람의 태도는 극명하게 갈립니다. 한 강도는 고통과 절망 속에서 조소를 내뱉습니다. 그는 갈라진 목소리로 예수님을 향해 독설을 퍼붓습니다.

"네가 그리스도가 아니냐 너와 우리를 구원하라"(눅 23:39)

자기 처지를 비관하며 분노를 쏟아 내는 그의 얼굴에는 원망과 냉소가 어린 채 일그러져 있습니다. 그러나 다른 강도는 다릅니다. 그는 이미 자신의 죄를 깨닫고 죽음을 받아들이는 눈빛입니다. 비록 온몸이 못에 박혀 꼼짝할 수 없지만, 그는 가능한 몸을 돌려 예수님을 바라봅니다. 그리고 떨리는 음성으로 동료 강도를 꾸짖듯 말합니다.

"네가 동일한 정죄를 받고서도
하나님을 두려워하지 아니하느냐
우리는 우리가 행한 일에 상당한 보응을 받는 것이니
이에 당연하거니와 이 사람이 행한 것은
옳지 않은 것이 없느니라"(눅 23:40-41)

이어 눈물을 머금고 예수님께 애원하듯 고백합니다.

"예수여 당신의 나라에 임하실 때에 나를 기억하소서"
(눅 23:42)

예수님께서는 그 회개의 고백을 들으시고, 고통 중에도 온화한 눈길로 그를 바라보십니다. 그리고 평온하면서도 권위 있는 음성으로 응답하십니다.

"오늘 네가 나와 함께 낙원에 있으리라"(눅 23:43)

순간 강도의 눈에 희망의 빛이 어립니다. 그는 비록 처절한 형틀 위에 있지만, 예수님의 약속에 마음만은 평안과 구원의 기쁨으로 채워집니다. 이 짧은 대화는 죽음을 눈앞에 둔 절망적인 상황 속에서도 마지막까지 열려 있는 구원의 문을 보여줍니다. 한편 다른 쪽 강도는 마지막까지 회개의 기회를 붙잡지 못한 채 고개를 떨구고 맙니다. 하지만 예수님의 약속대로 회개한 강도에게는 그날이 천국에서의 새로운 시작입니다. 십자가 위에서도 이어진 구원의 역사는 보는 이들에게 깊은 감동을 주고, 예수님께서 죄인에게 베푸시는 용서와 은혜의 크기를 여실히 드러냅니다.

세 번째 말씀 – "여자여, 보소서 아들이니이다"

십자가 아래에는 예수님의 어머니 마리아와 몇몇 여인들 그리고 사랑하는 제자 요한이 자리를 지키고 있습니다. 사랑하는 아들이 참혹한 고통을 당하는 모습을 지켜보는 어머니의 마음은 찢어질 듯합니다. 그녀 곁에는 젊은 제자 요한이 함께 있는데, 요한 역시 슬픔에 잠겨 눈물을 글썽이고 있습니다. 스승이자 주님인 예수님이 처참히 십자가에 달린 모습을 보는 그의 심정도 참담하기는 마찬가지입니다. 그럼에도 그는 마지막 순간까지 예수님의 어머니를 부축하며 곁을 지키고 있습니다.

예수님께서는 온몸의 고통으로 숨쉬기조차 힘겨운 중에도 발밑에 서 있는 어머니와 요한을 내려다보십니다. 자신의 고통보다 남아 있을 가족의 슬픔과 미래를 더 염려하시는 예수님의 눈길에는 깊은 사랑과 연민이 담겨 있습니다. 그는 먼저 울부짖는 어머니를 향해 숨을 몰아쉬며 말씀하십니다.

"여자여 보소서 아들이니이다"(요 19:26)

이 짧은 말씀 속에는 어머니를 향한 아들의 마지막 효심이 깃들어 있습니다. 예수님은 이제 자신 대신 요한이 어머니를 모실 것을 당부하신 것입니다. 이어서 곧바로 사랑하는 제자 요한을 바라보며 말씀하십니다.

"보라 네 어머니라"(요 19:27)

예수님은 요한에게 어머니 마리아를 친어머니처럼 모실 것을 부탁하신 것입니다. 그 순간 요한은 흐르는 눈물을 닦으며 고개를 숙여 순종의 뜻을 보입니다. 그는 말 없이 스승의 당부를 가슴 깊이 새기며, 마리아를 부드럽게 부축합니다.

"여자여"라는 호칭은 당시 문화에서 존중의 표현이었습니다. 예수님은 이 말씀으로 육신적인 관계를 초월하는 새로운 가족 공동체를 선언하십니다. 마리아는 아들의 마지막 부탁을 듣고 눈물을 떨구면서도 조용히 고개를 끄덕입니다. 그녀는 사랑하는 제자가 자기 곁에 남아 있음을 느끼며, 슬픔 속에서도 새로운 위로를 얻습니다. 이 장면은 육신의 아들로서 예수님의 효성과 함께, 십자가를 통해 형성되는 영적인 가족 공동체의 탄생을 상징적으로 보여줍니다. 고난 가운데서도 어머니를 향한 예수님의 사랑은 끝까지 변함없고, 그 사랑은 제자에게 어머니를 맡기는 세심함으로 표현됩니다.

네 번째 말씀 – "엘리 엘리 라마 사박다니"

뙤약볕이 내리쬐어야 할 시간에도 계속된 어둠 속에서 예수님의 육신은 한계에 다다르고 있습니다. 못 박힌 손과 발에는 불에 데인 듯한 고통이 몰려오고, 매달린 몸은 숨을 쉴 때마다 살이 찢기는 듯한 아픔을 동반합니다. 이미 상당한 출혈로 탈수와 쇼크 상태에 이르러 예수님의 호흡은 점점 가빠지고 의식은 흐려져 갑니다. 온몸에 힘이 빠져 가던 오후 3시 즈음(제구시) 갑자기 예수님께서 남아 있는 힘을 다해 큰 소리로 외치십니다.

"엘리 엘리 라마 사박다니"(마 27:46; 막 15:34)

그 음성은 처절하면서도 울부짖는 듯 골고다 언덕에 울려 퍼집니다. 이는 아람어로 "내 하나님이여 내 하나님이여 어찌 나를 버리셨나이까"(시 22:1)라는 뜻입니다. 예수님께서는 시편의 말씀을 인용하여 부르짖으십니다. 그 순간 예수님의 음성에는 인간으로서 느끼는 극한의 고통과 하나님과의 단절감이 서려 있습니다.

예수님의 네 번째 말씀은 죄를 대속하기 위해 하나님께 철저히 버림받는 고통을 그대로 드러낸 외침입니다. 성부 하나님과 영원히 하나이신 성자 예수님께서 인류의 죄를 짊어지신 대속의 순간에 느낀 깊은 고독과 고난이 이 말씀에 응축되어 있습니다. 주변 사람들은 그 외침을 듣고 술렁입니다. 서 있던 몇몇 유대인들은 이 말을 제대로 알아듣지 못하고 수군거립니다.

"이 사람이 엘리야를 부른다"(마 27:47)

누군가는 예수님이 선지자 엘리야를 불러 도움을 청하는 것이라고 오해합니다.

다섯 번째 말씀 - "내가 목마르다"

그중 한 사람이 급히 달려가서 근처에 놓였던 신 포도주가 담긴 그릇에 해면을 적십니다. 그리고 그것을 갈대 끝에 달아 예수님의 입술에 가져다 댑니다(요 19:29). 극심한 갈증과 탈진으로 혀가 붙어 버릴 듯한 예수님께 약간의 신 포도주(초 같은 신 와인)는 작은 위로가 되었을지도 모릅니다. 사실 예수님께서는 이때 성경을 응하게 하시려고 "내가 목마르다"(요 19:28)라고 말씀하셨으며, 이에 병사가 신 포도주를 대어드린 것입니다.

그러나 예수님은 이미 너무 쇠약해져 거의 마실 수 없는 상태입니다. 해면에서 떨어지는 몇 방울의 신 포도주가 갈라진 입술을 적시지만, 그는 연신 가쁜 숨을 내쉴 뿐입니다. 주변에서 지켜보던 사람 중 일부는 "가만 두라 엘리야가 와서 그를 구원하나 보자"(마 27:49) 하며 야유 섞인 말을 내뱉기도 합니다. 그러나 이 어둠 속 절규는 조롱거리로 치부하기엔 너무도 엄숙하고 비통합니다.

여섯 번째 말씀 – "다 이루었다"

이제 예수님의 마지막 때가 이릅니다. 마침내 예수님께서는 남은 힘을 다하여 고개를 들어 캄캄한 하늘을 바라보십니다. 이미 숨조차 쉬기 어려운 상태지만, 그분은 결연한 눈빛으로 천상을 향해 한마디를 힘주어 외치십니다.

"다 이루었다"(요 19:30)

그 순간 예수님의 음성에는 고통과 슬픔을 초월한 승리의 확신이 담겨 있습니다. 인류 구원을 위한 속죄의 사역이 완성됨을 선언하는 이 외침은 골고다 언덕에 크게 울려 퍼집니다. 이는 마치 오랜 구속사의 여정이 결실을 맺는 종결 선언과도 같습니다. 예수님은 마지막 힘을 다해 선포하십니다. 선지자들을 통해 예언되었던 메시아의 고난과 속량의 계획이 이제 완전히 이루어졌음을 말입니다.

일곱 번째 말씀 – "아버지, 내 영혼을 아버지 손에 부탁하나이다"

이어서 예수님께서는 다시 한번 입술을 떼십니다. 이번에는 이전보다 한결 조용하고 나직한 목소리입니다. 십자가 위에서 머리를 들 힘조차 거의 남아 있지 않지만, 그는 마지막 시선을 하늘에 고정한 채 기도하듯 말씀하십니다.

"아버지 내 영혼을 아버지 손에 부탁하나이다"(눅 23:46)

이것은 시편 31편 5절의 기도를 인용한 것으로("나의 영을 주의 손에 부탁하나이다"), 예수님께서 자신의 영혼을 맡기며 아버지 하나님께 돌아가심을 의미합니다. 사랑하는 성부 하나님께 자신의 영을 의탁하고자 하는 음성은 고요한 확신과 친근함으로 가득 찼습니다. 예수님은 그렇게 자신의 마지막 숨을 거두시기 전에, 온전히 아버지의 뜻에 순종하며 영혼을 부탁드린 것입니다. 그 말씀을 끝으로 예수님께서는 길게 숨을 내쉬십니다. 그리고 고통으로 처져 있던 머리를 조용히 떨구십니다. 숨이 멎은 것입니다.

바로 그 순간 예루살렘 성전 안에서는 놀라운 일이 벌어집니다. 성전의 가장 안쪽, 지성소와 성소를 가로막고 있던 두터운 휘장이 갑자기 위에서 아래로 찢어지기 시작한 것입니다(마 27:51). 마치 보이지 않는 거대한 손이 위에서부터 잡아당긴 듯, 촘촘히 짜여 있던 휘장은 한순간에 둘로 갈라집니다. 성소에서 섬기던 제사장들은 벼락같이 들려오는 천둥소리와 함께 눈앞에서 휘장이 찢어지는 광경을 목격하고 경악합니다. 그 무렵 성전은 유월절 준비로 분주했겠지만, 그들은 갑작스런 사건에 동작을 멈춘 채 얼굴이 사색이 되었습니다. 자주색 휘장은 인간이 찢을 수 없을 만큼 견고했는데 하늘로부터 아래까지 순식간에 찢겨 나간 것입니다.

이는 더 이상 인간과 하나님 사이를 가르는 장벽이 없어졌음을 상징하는 엄청난 사건입니다. 예수님의 희생으로 이제 누구나 하나님께 직접 나아갈 새로운 살 길이 열린 셈입니다(히 10:19-20). 성전 휘장의 파열은 곧 신과 인간 사이의 막힌 담이 허물어졌음을 우주가 선포하는 장면이었습니다.

동시에 대지는 격렬히 요동치기 시작합니다. 골고다 언덕 주변부터 예루살렘성에 이르기까지 땅이 흔들리고 바위가 갈라집니다(마 27:51). 많은 사람이 균형을 잃고 넘어지거나 벽을 붙잡고 비명을 지릅니다. 지진으로 인해 무거운 돌들이 굴러떨어지고, 성전의 기물이 요란한 소리를 내며 흔들립니다. 아직 어둠이 걷히지 않은 가운데 지상의 모든 것이 떨리는 듯한 이 사건 앞에 사람들은 혼비백산합니다. 성경은 이때 무덤이 열리고 잠들었던 성도들의 몸이 다시 살아났다고 증언합니다(마 27:52-53). 실제로 예수의 부활 이후 그들이 무덤에서 나와 많은 사람에게 보였다고 기록합니다. 사람들은 두려움에 사로잡혀 더 이상 십자가 처형을 구경꾼으로 바라볼 수 없게 됩니다.

십자가 위에서 메시아가 운명하시는 그 순간, 보이지 않는 영적 세계에서는 거대한 변화가 일어난 것입니다. 성전 휘장이 위로부터 찢어진 것은 인간을 죄로부터 구원하기 위한 예수님의 희생이 완성되었음을 보여주는 표징이라 할 수 있습니다. 또한 땅을 흔든 지진과 열린 무덤은 죽음의 권세를 깨뜨리시는 메시아의 능력을 암시하는 사건입니다.

이 모든 초자연적인 징후는 예수님의 죽음이 단순히 한 인간의 죽음이 아니며, 하늘과 땅을 뒤흔드는 구원의 사건임을 드러냅니다. 우주의 창조주가 스스로 죽음을 당하는 순간, 창조 세계는 경악과 슬픔 그리고 새로운 희망의 몸짓으로 응답하고 있습니다.

한편 골고다 언덕에는 깊은 정적이 찾아듭니다. 아까까지 지진으로 흔들리고 뒤흔들리던 땅도 잠잠해진 듯합니다. 그 자리에 있던 사람들의 가슴에는 이루 말할 수 없는 허망함과 두려움 그리고 알 수 없는 경외감이 밀려듭니다. 주위의 몇몇 여인들은 흐느껴 울음을 터뜨립니다.

"다 이루었다"라는 승리의 선언 뒤에 찾아온 고요 속에서 사람들은 각자 가슴에 억누를 수 없는 깨달음과 슬픔을 안은 채 서 있습니다. 예수님의 마지막 호흡과 함께 온 우주는 숨을 죽인 듯 보입니다. 비로소 대속의 제사가 완성되고, 참된 하나님의 어린양이신 예수님께서 자신의 생명을 내어주신 것입니다. 인류의 모든 죗값을 치르시고 구원의 길을 여신 예수님의 사역이 드디어 완결됩니다. 그분의 희생으로 말미암아 이제 죄와 죽음의 사슬은 끊어지고, 하나님과 인간 사이의 화목의 길이 열립니다. 십자가의 죽음은 비극으로 끝나는 듯 보이나, 사실은 인류를 향한 하나님의 사랑과 승리가 선포된 순간입니다.

백부장의 고백 – "진실로 이 사람은 하나님의 아들이었도다"

예수님께서 숨을 거두시는 일련의 사건을 처음부터 끝까지 지켜본 한 사람이 있습니다. 바로 처형을 지휘하던 로마 군대의 백부장입니다. 그는 수많은 처형을 집행하며 잔인함에 무뎌진 직업 군인이었지만, 오늘 벌어진 일은 그의 가슴을 심하게 뒤흔듭니다. 처음에는 예수라는 사람을 두 명의 강도와 함께 처형하는 임무라고만 여겼습니다. 그러나 십자가 형틀에 달려 죽어 가는 나사렛 예수의 태도와, 그를 둘러싼 초자연적 현상을 목격하면서 백부장의 마음은 알 수 없는 두려움과 경외로 가득 차기 시작했습니다.

그는 짙은 어둠이 대낮에 덮이는 것을 봅니다. 땅이 흔들리고 바위가 갈라지는 것도 직접 겪습니다. 하지만 무엇보다도 그의 가슴을 울린 것은 바로 예수님의 모습과 말씀입니다. 극심한 고통 속에서도 원수를 용서하고("저들을 사하여 주옵소서"), 강도에게 낙원을 약속하며("네가 나와 함께 낙원에 있으리라"), 어머니를 제자에게 부탁하는("보라 네 어머니라") 모습이었습니다. 하나하나의 행동과 말씀이 인간으로서는 상상하기 어려운 사랑과 권위로 가득했습니다. 마지막 순간에 터뜨린 "다 이루었다"라는 외침과, 죽음 직전 하나님을 향해 영혼을 맡기는 평온한 기도를 들으면서 백부장의 심장은 세차게 뛰고 있습니다. 그는 전에 없던 전율을 느끼며 깨닫게 됩니다.

"이 분은 보통 사람이 아니구나…"

예수님이 마지막 숨을 거두시자 백부장은 더 이상 가만히 있을 수 없습니다. 그는 크게 몸이 떨리는 것을 느끼며 하늘과 십자가를 번갈아 바라봅니다. 주변의 병사들 역시 겁에 질려 있지만, 백부장은 자신의 양심 깊은 곳에서 끓어

오르는 고백을 멈출 수 없습니다. 두 손을 부들부들 떨며 가슴에 모은 그는 마침내 외치듯 말합니다.

"이 사람은 진실로 하나님의 아들이었도다"(막 15:39)

굳게 닫혔던 이방인의 입술에서 터져 나온 신앙 고백은 그 자리에 있던 모든 이들의 귀에 또렷이 들립니다. 로마의 백부장이 처형당한 예수를 두고 하나님의 아들이라고 증언한 것입니다.

백부장의 이 고백은 복음서에서 이방인의 입술로 나온 첫 신앙 고백으로 기록됩니다. 십자가 아래에서 벌어진 모든 초자연적 현상과 예수님의 권위 있는 죽음의 모습을 통해, 그는 직감적으로 예수님의 신성을 깨달은 것입니다. 그토록 경멸받으며 처형당하신 분이 사실은 참으로 하나님의 아들이었음을, 아이러니하게도 처형을 집행한 장교가 선언한 셈입니다. 이 장면은 십자가 사건의 클라이맥스로서 독자의 가슴을 뜨겁게 울립니다. 인간의 손에 죽임당하신 신적 존재 앞에서 모든 사람이 술렁이고 침묵하는 가운데,

한 이방인의 고백이 공명을 일으킵니다. 그는 십자가에 달려 처참히 죽어간 예수님의 모습을 뚫어지게 바라보며, 방금 자신이 내뱉은 고백의 의미를 곱씹고 있습니다. 그의 마음속에는 형언할 수 없는 두려움과 함께 알 수 없는 희망의 빛이 피어오르고 있습니다.

1. 예수님은 "할 수만 있다면 이 잔을 옮겨 달라" 하셨으나 결국 "아버지의 뜻대로 하옵소서"라고 기도하십니다. 지금 내 뜻을 내려놓고, 주님께 순복해야 할 것은 무엇인가요? 겟세마네의 주님처럼 아버지의 뜻을 선택할 수 있나요?

2. 예수님은 십자가에서 자신을 못 박은 자들을 용서해 주셨습니다. 나는 누구를 용서해야 할까요?

3. 예수님의 행보 6일차에서 개인적으로 느끼고 깨달은 것은 무엇인가요?

Day 7

Day 7

무덤에 장사되신 예수님

예수님께서 숨을 거두신 후, 날은 서서히 기울어 해가 질 무렵입니다. 유대인의 규례상 시신은 밤까지 두지 말고 안식일이 시작되기 전에 장례를 치러야 합니다(신 21:22-23).

아리마대 요셉과 니고데모의 헌신

아리마대 출신 요셉은 유대 공회원으로서 경건한 부자

였습니다. 그는 예수님의 숨은 제자로, 예수님의 죽음 앞에서 더 이상 침묵할 수 없었습니다. 요셉은 용기를 내어 총독 빌라도에게 가서 예수님의 시신을 자신에게 달라고 요청합니다(막 15:43). 빌라도는 예수가 이렇게 빨리 죽었을 리 없다고 의아해하며 백부장을 통해 사망을 확인합니다. "이미 돌아가셨습니다." 보고를 받은 빌라도는 요셉에게 시신 인도를 허락합니다. 요셉은 마음이 급합니다. 곧 해가 지고 안식일이 시작되면 장례를 치를 수 없기 때문입니다.

바리새인 중 한 사람으로 예수님을 존경했던 니고데모도 합류합니다. 그는 이전에 밤중에 예수님을 찾아왔습니다(요 3:1-2). 공개적으로 예수를 따른 적은 없지만 이 순간에는 용기를 냅니다. 니고데모는 값비싼 몰약과 침향 약 백 리트라를 가져옵니다(요 19:39). 이는 당시 왕의 장례에 쓰이는 분량으로 예수님에 대한 그의 깊은 존경과 사랑을 드러냅니다.

골고다 언덕에서 요셉과 니고데모는 십자가에서 예수님의 시신을 조심스럽게 내립니다. 못 자국이 선명한 손과 발, 가시관에 찔린 이마, 창에 찔린 옆구리에서 피와 물이 흘러나온 흔적을 봅니다(요 19:34). 그들은 비통한 표정으로 시신을 다룹니다. 어머니 마리아와 막달라 마리아, 다른 여인들도 흐느끼며 그 광경을 지켜봅니다(눅 23:55). 요셉은 자신이 미리 준비해 두었던 새 무덤을 예수님을 위해 내어 줍니다. 그 무덤은 예루살렘 근교의 바위를 파서 만든 정원 무덤으로, 아직 아무도 장사된 적이 없는 곳입니다(요 19:41).

그들은 예수님의 시신을 정성스럽게 세마포로 감쌉니다. 니고데모가 가져온 향품을 시신에 바르고, 세마포 사이사이에 향품이 함께 놓입니다. 유대인의 장례 풍습에 따라 최대한 경건히 예우하며 장사를 지낸 것입니다. 날이 저물기 전, 그들은 황급히 예수님의 몸을 무덤 안에 안치합니다. 입구를 큰 돌로 막고 나서 무겁게 숨을 내쉽니다(마 27:59-60). 마리아와 막달라 마리아는 무덤 앞을 떠나지 못합니다(막 15:47).

사람들의 반응

한편 대제사장들과 바리새인들은 혹시 제자들이 시신

을 훔쳐 "예수가 부활했다"고 말할 것을 염려해 빌라도에게 무덤의 경비를 요청합니다(마 27:62-66). 이에 따라 로마 군사들이 파견되어 무덤을 지키고, 돌문에는 황실 인장이 봉인됩니다. 무덤 주변에는 적막감과 함께 삼엄한 경계가 서려 있습니다. 예수님은 참으로 죽으시고, 무덤은 굳게 닫히며, 사람들은 흩어집니다.

토요일, 안식일이 시작된 예루살렘은 정적에 휩싸입니다. 평소 같으면 안식일을 맞아 집집마다 등불을 밝히고 가족들이 모여 휴식을 취할 시간이지만, 예수님을 잃은 도성은 무겁게 침묵합니다. 거리의 발소리마저 조심스럽습니다. 며칠 전만 해도 "호산나!"를 외치며 예수님을 맞이했던 거리였는데, 이제는 처절한 상실감만이 남았습니다.

제자들의 반응

제자들은 모두 뿔뿔이 흩어진 채, 숨죽여 몸을 숨기고 있습니다(요 20:19). 겟세마네에서 주님을 버리고 달아났던 그들은 각자의 은신처에 틀어박혀 문을 굳게 잠그고 두려움에 떨고 있습니다.

그들의 마음을 짓누르는 것은 절망과 죄책감입니다. 특히 베드로는 자신이 주님을 세 번 부인했다는 사실에 완전히 무너집니다(눅 22:61-62). 그는 얼굴을 두 손에 묻은 채 어깨를 들썩이며 통곡합니다. 닭이 울던 그 순간이 머릿속에서 떠나지 않습니다. "네가 나를 세 번 부인하리라." 주님의 말씀이 정확히 이루어졌다는 깨달음이 가슴을 후벼팝니다.

그는 귀를 틀어막고 싶을 정도로 닭 울음소리와 양심의 가책에서 벗어나고 싶어 합니다. "나는 결코 주를 버리지 않겠나이다"라고 장담했던 자신이 얼마나 나약했는지 뼈저리게 느끼며 하염없이 눈물을 쏟습니다. 다른 제자들도 말을 잃었습니다. 창가에 기대어 멍하니 바닥만 바라보고, 입술을 깨물며 고개를 떨굽니다.

요한은 십자가에서 예수님이 숨을 거두시는 순간까지 지켜보았기에 충격이 더욱 큽니다(요 19:26-27). 그는 구석에 조용히 앉아 창밖 어두운 하늘을 올려다봅니다. 스승의 마지막 비통한 모습이 떠올라 가슴이 미어집니다.

안식일의 고요함은 그들의 상실감을 더욱 크게 만듭니다. 주님의 약속과 말씀이 있지만 지금의 제자들에게는 아무것도 떠오르지 않습니다. 두려움과 절망에 사로잡혀 숨죽일 뿐입니다. 창밖의 붉은 노을은 곧 사라지고 예루살렘에 차가운 밤이 찾아옵니다. 누구도 저녁 식사를 넘길 수 없고, 몇몇은 새우잠을 청하지만 깊이 잠들지 못합니다.

가슴 한편이 텅 빈 채로 맞이한 안식일 밤은 유난히 길고 춥습니다. 제자들은 눈을 감고도 잠들지 못한 채 뒤척입니다. 희망의 빛 한 줄기 없는 절망의 밤입니다. 그들은 메시아가 없는 세상이 얼마나 어두운지 온몸으로 느끼고 있습니다. 주님을 잃은 슬픔과 인간의 연약함이 교차하는 밤이 그렇게 흘러갑니다.

그러다 마침내 어둠을 뚫고 일요일 새벽이 찾아옵니다. 길고 춥게만 느껴졌던 밤이 지나고, 동쪽 하늘 끝이 희미하게 밝아 오기 시작합니다.

1. 아리마대 요셉과 니고데모는 침묵과 적대 속에서도 예수님 편에 서기로 결단합니다. 그것은 경제적, 사회적으로 큰 손해가 따를 수 있는 위험한 선택이었습니다. 나는 어떤 방식으로 주님을 드러내는 삶을 선택할 수 있을까요?

2. 예수님은 부활의 새벽 전까지 완전한 침묵 속에 누워 계셨습니다. 나의 삶에도 아무 변화가 없는 것 같은 '하나님의 침묵의 시간'이 있을 때가 있습니다. 그때 낙심과 불평에 머무르나요, 아니면 주님을 기다리는 믿음을 선택하나요?

3. 예수님의 행보 7일차에서 개인적으로 느끼고 깨달은 것은 무엇인가요?

Day 8

Day 8

부활하신 예수님

아직 주위에는 어둠이 남아 있지만 차가운 공기 속에 서서히 새벽 기운이 감돕니다. 그 시각, 막달라 마리아를 비롯한 몇몇 여인들이 조심스럽게 자리에서 일어납니다. 그들은 전날 밤 안식일이 끝나자마자 준비해 두었던 향품과 향유가 담긴 항아리를 품에 안고 밖으로 나섭니다. 사랑하는 주님의 시신에 마지막으로 예우를 다하기 위해 무덤으로 향하는 길입니다. 여인들의 발걸음은 무겁습니다.

함께 따라나선 야고보의 어머니 마리아와 살로메도 말

없이 고개를 숙인 채 뒤따릅니다(막 16:1). 그들은 제각기 마음속으로 스승이셨던 예수님의 자애로운 모습을 떠올리며 눈물을 삼킵니다. 차디찬 무덤 속에 홀로 누워 계실 주님의 시신을 생각할 때마다 가슴 한편이 저미지만, 마지막 가는 길이라도 정성껏 향품을 발라드려야 한다는 일념으로 발을 내딛습니다.

여인들은 무덤 입구의 큰 돌을 걱정하며 속삭입니다. 무거운 돌을 자신들의 힘만으로는 옮길 수 없다는 사실을 알지만, 발걸음을 돌리지는 않습니다. 혹시 지나가는 누군가의 도움을 받을 수 있기를 희미하게 바라며 발을 재촉합니다. 새벽 공기는 차갑지만, 그들의 이마에는 긴장과 슬픔으로 식은땀이 맺힙니다. 멀리 동쪽 하늘은 희뿌연 회색으로 서서히 변해 가고, 새벽의 정적을 깨는 것은 그들의 조심스러운 발자국 소리뿐입니다.

여인들은 슬픔에 젖은 걸음으로 골고다 언덕 부근의 정원 무덤에 이릅니다. 그러나 무덤 가까이 다가간 순간, 예상치 못한 광경에 걸음을 멈춥니다. 무덤 입구를 막고 있어야 할 거대한 돌이 이미 옆으로 굴려져 있는 것이 보입니다(막 16:4). 누군가 벌써 무덤을 열어 둔 것인지, 예수님의 시신에 무슨 일이 생긴 것은 아닌지 수많은 생각이 스쳐 지나갑니다.

빈 무덤

마침내 무덤 앞까지 다가간 여인들은 용기를 내어 무덤 안을 들여다봅니다(눅 24:3). 흐릿한 새벽빛이 무덤 안쪽까지 비치지만, 안에는 아무도 없습니다. 시신이 있어야 할 자리에 텅 빈 땅바닥만 드러납니다. 마리아의 심장은 철렁 내려앉습니다. 주님의 몸이 사라진 것입니다. 그녀는 탄식에 가까운 소리를 내뱉고, 함께 온 여인들도 당황하여 서로 얼굴을 바라봅니다.

그 순간 어둑한 무덤 안 한쪽에서 희미한 빛이 일렁이는 것이 보입니다(눅 24:4-5). 처음에는 햇살이 반사되는 것인가 생각하지만, 점차 그 빛이 또렷한 형상을 띠어 갑니다. 이내 눈이 부실 정도로 찬란한 흰옷을 입은 한 청년의 모습이 무덤 안에 서 있는 것이 보입니다(막 16:5). 여인들은 깜짝 놀라 뒷걸음질칩니다. 방금 전까지만 해도 분명 아무도 없었던 무덤 안에 갑자기 나타난 이 청년은 사람이라고는 도무지 믿기지 않을 만큼 빛나고 있습니다.

마리아와 여인들은 본능적으로 땅에 엎드리듯 몸을 낮춥니다. 심장은 미친 듯이 뛰고 손발은 떨리지만, 시선을 떼지 못한 채 그 젊은이가 말을 꺼내기를 기다립니다. 낯선 청년은 온화한 얼굴에 미소를 머금고, 낮지만 또렷한 목소리로 부활의 소식을 전합니다.

그 순간 동쪽 하늘이 붉게 물들며 여명이 밝아 오기 시작합니다. 무덤 안을 비추던 희뿌연 새벽빛이 점점 황금빛 광채로 바뀌어 갑니다. 마리아는 숨을 삼킨 채 그 음성을 듣습니다. '살아나셨다'는 말이 그녀의 귓가에서 메아리치며 가슴 깊은 곳에 파고듭니다. 아직 완전히 이해할 수는 없지만, 그녀의 심장 속에서 뜨거운 것이 솟구칩니다. 죽음으로 끊어진 줄 알았던 희망의 끈이 다시 이어지는 듯한 순간입니다.

여인들은 떨리는 손을 맞잡은 채 고개를 들어 무덤을 다시 바라봅니다. 그러나 눈부신 청년의 모습은 이미 사라지고 없습니다. 방금 들은 놀라운 말씀만이 생생히 남아 있을 뿐입니다. 방금 전까지의 두려움은 사라지고, 대신 믿기 어려운 희망과 흥분이 가슴을 휘젓습니다. 여인들은 이 소식을 전해야 한다는 마음으로 서로 눈빛을 주고받습니다(마 28:8).

부활 소식을 전하는 여인들

마리아는 치맛자락을 움켜쥐고 달리기 시작합니다. 다른 여인들도 뒤따릅니다. 그들은 가쁜 숨을 몰아쉬며 예루살렘 성안을 향해 달려갑니다. 아직 새벽이어서 거리는 고요하지만, 마리아의 머릿속에는 오직 한 가지 생각만이 맴돕니다. 제자들에게 이 놀라운 소식을 전해야 한다는 다급한 사명입니다(요 20:2).

마리아는 제자들이 몸을 숨기고 있는 곳에 도착하자 숨도 고르지 못한 채 문을 두드립니다. 안에 있던 이들이 놀라 창문으로 내다봅니다. 새벽에 누군가 문을 두드릴 것이라고는 예상하지 못했기 때문입니다.

안에서 경계하는 목소리가 낮게 울립니다. 마리아는 다급히 속삭이며 자신을 밝힙니다. 빗장이 반쯤 풀린 문이 열리자 피곤에 지친 베드로의 얼굴이 드러납니다. 그의 눈은 밤새 한숨도 자지 못한 듯 붉게 충혈되어 있습니다. 베드로는 헉헉대는 마리아를 보고 놀랍니다. 방 안에는 요한과 다른 제자들도 놀란 얼굴로 일어서 있습니다.

마리아는 떨리는 목소리로 무덤의 상황을 전합니다. 무덤이 비어 있다는 사실, 돌문이 굴려져 있었다는 사실, 그리고 천사의 메시지를 듣게 되었다는 소식을 알립니다. 예수께서 살아나셨다는 말이 그녀의 입에서 쏟아집니다.

방 안은 충격과 당혹감으로 가득합니다. 어떤 이는 믿을 수 없다는 듯 고개를 젓고, 또 다른 이는 마리아가 슬픔 속에 헛것을 본 것이 아닌가 의심합니다. 그러나 마리아의 눈빛은 결코 환상을 본 사람의 것이 아닙니다. 절망으로 가라앉아 있던 눈동자에는 지금 확신의 광채와 간절함이 어려 있습니다.

요한은 빈 무덤과 천사라는 말이 흘러나오는 순간 심장이 세차게 요동치는 것을 느낍니다. 베드로 역시 숨을 거칠게 몰아쉬며 마리아의 말을 듣습니다. 누구보다 깊은 절망 속에 있던 그의 눈에도 다시 격정과 희망의 빛이 살아납니다.

베드로는 혼잣말처럼 부활을 되뇝니다. 아직 믿기 어렵지만, 꺼져 가던 불씨가 가슴 한편에서 다시 타오릅니다. 그는 번쩍 고개를 들고 무덤을 직접 확인해야 한다는 결심을 드러냅니다. 요한도 고개를 끄덕이며 응답합니다.

두 사람은 말없이 서로를 향해 짧게 눈빛을 교환하더니 이내 달리기 시작합니다. 새벽 거리를 내달리는 그들의 얼굴에는 긴장과 기대가 교차합니다. 무덤에 한 걸음이라도 빨리 다가가기 위해 그들은 거칠게 숨을 내쉬며 전력을 다해 달려갑니다.

무덤을 확인하는 베드로와 요한

얼마 지나지 않아 요한이 가장 먼저 무덤에 도착합니다(요 20:4). 입구를 막았던 돌은 이미 옆으로 치워져 있고,

무덤 안은 어둑하게 비어 있는 것처럼 보입니다. 요한은 한 발 앞으로 다가서지만, 선불리 안으로 들어가지는 못합니다. 두려움과 기대가 뒤섞인 심정으로 몸을 굽혀 어둠 속을 들여다봅니다. 희미한 새벽빛 속에서 내부가 어렴풋이 보이는데, 예수님의 시신은 보이지 않고 하얀 천만 바닥에 놓여 있습니다. 요한은 숨을 죽인 채 그 광경을 응시합니다.

잠시 후 거친 숨을 몰아쉬며 베드로가 도착합니다. 요한은 그를 돌아보지만 말 한마디 하지 못한 채 무덤을 가리킵니다. 베드로는 주저하지 않고 성큼 무덤 안으로 들어갑니다. 아직 동이 완전히 트지 않아 어두운 무덤 안은 한눈에 보기에도 비어 있습니다. 베드로의 가슴이 철렁 내려앉습니다. 정말로 마리아의 말대로 시신이 사라진 것입니다(요 20:6-7). 그는 바닥을 살피며 한 걸음 한 걸음 안쪽으로 들어갑니다. 그곳에는 예수님의 몸을 감쌌던 세마포가 가지런히 놓여 있을 뿐입니다. 넓은 천은 누군가 일부러 정돈한 듯 단정합니다. 베드로는 놀라움에 말을 잃습니다. 누군가 시신을 훔쳤다면 이렇게 천을 벗겨 단정히 두었을 리 없습니다. 도대체 무슨 일이 일어난 것인지 갈피를 잡을 수 없습니다.

조심스럽게 요한도 무덤 안으로 들어옵니다. 그의 시선은 바닥에 놓인 세마포와 한쪽에 따로 접힌 머리 수건에 머뭅니다. 두 사람은 말없이 서로를 바라봅니다. 헛된 꿈을 꾸는 것은 아닌지 서로의 눈에서 확인하려는 듯합니다.

베드로와 요한은 가슴 속에서 뜨거운 무엇인가가 꿈틀거리는 것을 느낍니다. 청년의 음성을 들었다는 마리아의 말이 귓가에 되살아납니다. 살아나셨다는 한마디가 다시 울려 퍼집니다. 그는 그 말을 온전히 이해할 수는 없지만, 엄청난 일이 벌어졌음을 직감합니다. 죽음으로 끝났다고 생각했는데 다시 생명의 가능성이 번개처럼 스칩니다. 베드로는 떨리는 손으로 눈가를 훔칩니다. 그의 가슴에 꺼져가던 희망의 불꽃이 다시 살아납니다.

요한 역시 가슴이 벅차오릅니다. 그는 무덤 안을 둘러보며 주님께서 하셨던 말씀을 떠올리려 애씁니다. 그러나 아직 생각은 혼란스럽습니다. 다만 자신도 모르게 두 손을 모아 가슴께로 가져옵니다. 그리고 조용히 주님이 정말 다시 살아나신 것인지 묻습니다. 그의 눈에도 뜨거운 눈물이 맺힙니다.

베드로는 무덤 벽에 기대어 하늘을 올려다봅니다. 새벽 하늘은 점점 밝아오며 태양이 떠오를 준비를 합니다. 베드로는 묵묵히 속으로 되뇌입니다. 주님께서 부활하셨을지도 모른다는 희미한 믿음이 솟아오릅니다. 대답은 알 수 없지만, 그의 얼굴에는 아련한 희망의 미소가 스칩니다.

베드로와 요한은 무덤 밖으로 나옵니다. 둘은 말을 잃은 채 빈 무덤과 치워진 돌을 바라봅니다. 믿기 어려운 일이지만, 눈앞의 현실이 그들에게 말을 거는 듯합니다. 요한은 조용히 베드로의 어깨에 손을 올리며 다른 이들에게 알리자고 말합니다. 베드로도 고개를 끄덕입니다.

두 사람은 달려온 길을 다시 돌아갑니다. 발걸음은 여전히 빠르지만, 올 때와 달리 그들의 가슴에는 어렴풋한 희망과 경이로움이 맴돕니다. 서로 말은 없지만, 절망으로 꺼져 가던 등불이 다시 타오르기 시작했음을 느낍니다.

막달라 마리아를 찾아오신 예수님

베드로와 요한이 떠난 뒤에도 막달라 마리아는 무덤가를 떠나지 못합니다. 다시 찾아온 적막한 무덤 앞에서 그녀는 눈물을 흘리며 망연자실 서 있습니다. 도대체 무슨 일이 일어난 것인지 혼란스럽습니다. 천사에게 기쁜 소식을 들었지만, 정작 주님의 모습은 보이지 않습니다(눅 24:5-6).

그때 등 뒤에서 낮고 조용한 남자의 음성이 들려옵니다. 마리아는 화들짝 놀라 눈물을 훔치며 돌아섭니다. 새벽 햇살이 그녀의 눈물을 반짝이게 하지만, 눈앞의 남자는 역광에 가려 뚜렷하게 보이지 않습니다. 그녀는 그가 정원지기나 무덤 관리인이라고 생각합니다(요 20:14-15).

마리아는 눈물 젖은 목소리로 주님의 시신을 어디에 두었는지만 알려 달라고 간곡히 부탁합니다. 그 순간 낯선 남자가 한 걸음 다가서며 부드럽고 다정한 음성으로 그녀의 이름을 부릅니다. 새벽 공기 속에 울려 퍼지는 단 한마디, 마리아라는 이름이 그녀의 귀에 깊이 파고듭니다.

그 순간 마리아의 온몸이 굳어집니다. 너무도 익숙한

음성이 그녀의 귀에 울려 퍼집니다. 놀랍게도, 바로 그 목소리는 그녀가 수없이 따르고 그리워했던 스승 예수님의 음성입니다. 마리아는 두 눈을 크게 뜨고 눈앞의 남자를 다시 바라봅니다. 뿌옇던 시야가 갑자기 맑아지며 그의 얼굴이 선명하게 드러납니다. 온화한 미소를 머금은 예수님이 거기 서 계십니다. 찬란한 아침 햇살을 등지고 서 계신 주님의 모습은 마치 빛으로 둘러싸인 듯 영롱합니다.

"랍오니(선생님)…!"

마리아는 숨이 턱 막히는 듯한 소리를 내뱉으며 그분을 향해 달려듭니다. 그리고 예수님의 발 앞에 주저앉아 그 발을 붙잡습니다. 걷잡을 수 없는 눈물이 그녀의 뺨을 따라 흘러내립니다. 죽었다고만 생각했던 주님이 눈앞에 나타나셨다는 사실에, 기쁨과 경외와 슬픔이 한꺼번에 북받쳐 오릅니다.

예수님은 조용히 몸을 굽혀 울고 있는 마리아를 일으켜 세우십니다. 그리고 사랑 가득한 눈길로 그녀를 바라보며 나직이 말씀하십니다.

"마리아야, 나를 붙들지 말라.
나는 아직 아버지께 올라가지 아니하였노라.
이제 너는 가서 내 형제들에게
내가 나의 아버지, 곧 너희의
아버지께로 올라간다고 전해라!"(요 20:17)

마리아는 눈물을 훔치며 고개를 끄덕입니다. 아직도 가슴이 터질 것 같지만, 예수님의 말씀을 전해야 한다는 사명감이 그녀에게 생깁니다. 다시 한번 예수님을 올려다본 마리아는 허리를 굽혀 공손히 인사드립니다. 예수님은 인자한 미소를 지으며 고개를 끄덕이십니다. 마리아가 눈물을 훔치며 다시 고개를 들 때, 그분의 모습은 어느새 부드러운 햇살 속에서 사라져 있습니다. 그러나 더 이상 그녀는 두렵지 않습니다. 부활하신 주님을 만났다는 확신이 그녀의 온몸에 용기를 불어넣습니다.

마리아는 망설일 겨를 없이 벌떡 일어나 예루살렘성을

향해 달리기 시작합니다. 예수님께서 주신 말씀을 전하러 가는 발걸음은 조금 전과는 전혀 다르게 가볍습니다. 희망과 기쁨의 눈물이 마리아의 뺨 위에서 반짝입니다.

제자들에게 나타나신 예수님

그날 오후가 되고 저녁 어스름이 내려올 무렵, 제자들은 모두 한 집에 모여 있습니다(요 20:19). 베드로와 요한이 목격한 빈 무덤, 그리고 막달라 마리아가 전한 믿기 어려운 부활의 소식에 대해 서로 수군거리지만, 여전히 반신반의하는 분위기입니다. 그럼에도 불구하고 혹시라도 일말의 희망이 사실이기를 바라는 마음에 그들은 좀처럼 자리를 뜨지 못합니다.

그때, 방 한가운데에 갑자기 누군가의 모습이 나타납니다. 문이 굳게 닫혀 있었기에, 제자들은 깜짝 놀라 자리에서 벌떡 일어섭니다. 한순간 심장이 얼어붙는 듯한 공포가 방 안을 덮칩니다. 모두 숨을 죽인 채 그 모습을 바라봅니다.

희미한 등잔불 아래에 서 있는 그 사람은 다름 아닌 예수님이십니다.

부활하신 예수님께서 고요한 미소를 머금은 채 그들 한가운데 서 계십니다.

"너희에게 평강이 있을지어다"(요 20:19)

예수님께서 두 손을 가볍게 들어 보이며 조용히 말씀하십니다. 그 친숙한 음성이 제자들의 귀에 울려 퍼집니다. 그러나 제자들은 눈앞의 광경을 믿지 못한 채 두려움에 몸을 떱니다. 혹시 유령이 아닌가 하는 생각이 머리를 스칩니다.

예수님은 그런 그들을 다정하게 바라보시며 다시 한번 부드럽게 말씀하십니다.

"어찌하여 두려워하며 어찌하여 마음에
의심이 일어나느냐
내 손과 발을 보고 나인 줄 알라"(눅 24:38-39)

"주님…!"

제자들이 하나둘 눈물을 흘리기 시작합니다. 예수님은 천천히 제자들에게 다가오시며 자기 손과 옆구리를 보여주십니다. 못 박힌 상처와 창 자국이 그대로 있습니다.

제자들은 그제야 눈앞의 분이 진짜 주님이심을 깨닫습니다. 의심과 두려움은 눈 녹듯 사라지고, 기쁨과 경탄이 그 자리를 채웁니다. 제자들은 일제히 주님께 달려듭니다. 웃음과 울음이 뒤섞인 환호가 방 안에 퍼집니다.

예수님은 한 사람 한 사람 자애로운 시선으로 바라보십니다. 그리고 제자들에게 축복하듯 고개를 끄덕이며 말씀하십니다.

"너희에게 평강이 있을지어다"(요 20:21)

제자들은 부활하신 주님을 에워싸고 기쁨의 환성을 내지릅니다. 그러나 무리 뒤편에 선 베드로는 차마 한 걸음 더 가까이 다가가지 못합니다. 며칠 전 뜰에서 주님을 부인했던 자신의 모습이 가슴을 후벼 파기 때문입니다(눅 22:61).

멀찍이 서서 주님을 바라보는 베드로의 눈에 회한의 눈물이 고입니다. 주님과 눈이 마주친 순간, 그는 얼굴을 떨굽니다. 아직은 용서를 구할 용기도, 다시 제자가 되겠노라 맹세할 염치도 없기 때문입니다. 하지만 주님은 그를 다그치지 않으십니다. 그저 그 자리에 함께 계심으로 베드로의 시린 마음을 위로하실 뿐입니다. 훗날 예수님은 갈릴리에서 베드로를 만나셔서 진정으로 용서하시고 그의 사명을 회복하실 것입니다. 그날을 기약하며 지금은 부활의 경이로운 빛 속에 머무르게 하십니다.

예수님의 부활은 죽음의 어둠이 승리한 듯 보였던 세상에 생명의 빛이 다시 떠오른 사건입니다. 제자들의 얼굴에는 경외와 감격의 미소가 번집니다. 이제 모든 절망이 끝나고, 새로운 희망이 시작됩니다. 부활의 주님과 함께하는 그들의 영혼에는 동일한 고백이 울려 퍼집니다.

"주께서 참으로 살아나셨다!"(눅 24:34)

1. 여인들과 제자들은 부활의 주님을 만납니다. 그런 뒤 삶에 변화가 있었습니다. 나는 주님을 언제 인격적으로 만났나요? 그런 뒤 내 삶에 어떤 변화가 일어났나요?

2. 부활하신 주님은 제자들을 찾아가 만나 주셨습니다. 사람들은 변화되고 회복되었습니다. 요즘같이 우울하고 소외감을 느끼는 시대에 나는 누구를 찾아가 만나면 좋을까요?

3. 예수님의 행보 8일차에서 개인적으로 느끼고, 깨달은 것은 무엇인가요?

기도 노트

기도 대상	기도 제목

기도 대상	기도 제목

예수님 십자가 고난과 부활의 여정

1판 1쇄 발행 2026년 2월 28일

지은이 김영한

펴낸이 정형철
펴낸곳 (주)아가페출판사
등록 제21-754호(1995. 4. 12)
주소 (08806) 서울시 관악구 남부순환로 2082-33(남현동)
전화 584-4835(본사) 522-5148(편집부)
팩스 586-3078(본사) 586-3088(편집부)
홈페이지 www.agape25.com

ISBN 978-89-537-9699-7 (03230)
분당직영서점 **전화** 031-714-7273 | **팩스** 031-714-7177
인터넷서점 http://www.agapemall.co.kr
인터넷에서 '아가페몰'을 검색하세요.

아가페 출판사